BEI GRIN MACHT SICH IHR WISSEN BEZAHLT

Oliver Kluck, Marcus Laack

Japan - Modell einer Wohlfahrtsgesellschaft

GRIN Verlag

Bibliografische Information der Deutschen Nationalbibliothek:

Die Deutsche Bibliothek verzeichnet diese Publikation in der Deutschen National-
bibliografie; detaillierte bibliografische Daten sind im Internet über http://dnb.d-
nb.de/ abrufbar.

Impressum:

Copyright © 2000 GRIN Verlag GmbH
Druck und Bindung: Books on Demand GmbH, Norderstedt Germany
ISBN: 978-3-640-93404-1

Dieses Buch bei GRIN:

http://www.grin.com/de/e-book/50540/japan-modell-einer-wohlfahrtsgesellschaft

GRIN - Your knowledge has value

Der GRIN Verlag publiziert seit 1998 wissenschaftliche Arbeiten von Studenten, Hochschullehrern und anderen Akademikern als eBook und gedrucktes Buch. Die Verlagswebsite www.grin.com ist die ideale Plattform zur Veröffentlichung von Hausarbeiten, Abschlussarbeiten, wissenschaftlichen Aufsätzen, Dissertationen und Fachbüchern.

Besuchen Sie uns im Internet:

http://www.grin.com/

http://www.facebook.com/grincom

http://www.twitter.com/grin_com

Universität Hannover, den 02. Juli 2000
Institut für politische Wissenschaft

Seminar: Sozialstaaten im internationalen Vergleich

Referenten: Marcus Laack
             Oliver Kluck

Japan
Modell einer Wohlfahrtsgesellschaft

1. Vorwort

In der deutschen Literatur zur Politik Japans ist der Anteil über die wirtschaftliche Strukturen und der Möglichkeiten der Übertragbarkeit auf westliche Industrieländer der Umfangreichste, über die Sozialpolitik Japans sind nur wenige Untersuchungen zu finden.[1] In der historischen Entwicklung vom *Warfarestate* zur Wohlfahrtsgesellschaft hat Japan zuerst deutsche, nach 1945 auch amerikanische Modelle der Sozialpolitik übernommen. Erst in den siebziger Jahren forcierte die japanische Regierung, unter der LDP (Liberal Demokratische Partei) ein Modell, das an traditionellen Normen orientiert sein sollte.

Die Besonderheit in Japans Sozialpolitik ist die starke Orientierung am Subsidaritätsprinzip, in dem sich in Japan nicht nur die Familie wiederfindet, sondern das Institutionen übergreifend wirkt, hierbei sowohl die Betriebe, als auch den Staat, als "großen Vater", mit einschließt. Hier zeichnet sich der stark in der japanischen Gesellschaft verwurzelte Konfuzianismus ab, in der die Philosophie von Herrschaft und Diener ein Grundprinzip von Gesellschaft darstellt.

Die japanische Wirtschaft befindet sich heute, kurz vor Ende des Jahrtausends, in einer schweren wirtschaftlichen Krise, die ihre Auswirkungen auch auf die soziale Absicherung hat. Die rapide zunehmende Überalterung der Gesellschaft und das Auseinanderbrechen der drei Generationenfamilie sind zusätzliche Faktoren, für eine zunehmende Destabilisierung der japanischen Wohlfahrt.

Anhand unseres Referates wollen wir ersten die Entwicklung des japanischen Sozialstaates aufzeigen, zweites die heute existierenden sozialen Absicherungen und drittens die aktuellen Probleme aufzeigen und einen Ausblick auf die Zukunft der japanischen *welfare society* wagen.

---

[1] Hervor zu heben ist in der deutschen Literatur nur die umfangreichen Untersuchungen von *Tränhardt 1988 / 1990*

2. Ein kurzer historischer Abriß
Zur Genese der japanische "Wohlfahrtsgesellschaft"

Erst im Jahre 1854 öffnete sich Japan, auf US-amerikanischen Druck, die mittels der "schwarzen Flotte" von Commander Perry Japan dazu zwangen, dem Welthandel. Dieses historische Ereignis war der erste Schritt hin zum Eintritt Japans ins Industriezeitalter, das mit der Ablösung des Feudalstaates durch eine konstitutionelle Monarchie mit dem Kaiser Meiji im Jahre 1868 seinen Anfang nahm. Umfangreiche Reformen zeichnen die sogenannte Meiji- Restauration, die bis 1912 andauerte, aus.

Ein Teil der einschneidensten Reformen im wirtschaftlichen und sozialen Leben seien hier genannt :

- "ein nationales Währungssystem mit der Bank von Japan als einzigen Herausgeber von Banknoten
- ein Finanzsystem, das sich auf Grundsteuer stützt
- Expansion der Infrastruktur, einschließlich von Straßen, Eisenbahn und Schiffahrt
- ein landesweites Post- und Telegrafensystem
- die Einführung einer Aktienbörse in Gestalt einer Körperschaft
- die Einfuhr von Maschinen und Berufung ausländischer Ingenieure
- von der Regierung geleitete Fabriken"[2]
- Einführung eines Schulsystems
- Einführung der Wehrpflicht
- Einführung des gregorianischen Kalenders

Anhand dieser kurzen Auflistung einiger Veränderungen innerhalb des japanischen Staates wird schon anschaulich wie umfassend die Reformen waren. Sie blieben auch nicht ohne Auswirkungen auf die sozialen Absicherungen. Wie auch in Deutschland "zielen die ersten Gesetze" in Japan "über soziale Sicherung auf die Beamten und das Militär " ... " : 1871 Alters- und Invalidenrente für Armeesoldaten, 1875 für Angehörige der Marine, 1882 für die Polizei und 1884 für zivile Beamte. *Soziale Sicherung entsteht sozusagen freischwebend zuerst an der Spitze der sozialen Pyramide* - und *im* Staat selbst. Soziale Sicherung wird von dort nach unten - auf andere Erwerbsgruppen - und außen - auf Nicht-Erwerbsgruppen (Familienmitglieder etwa) übertragen."[3]

Innerbetrieblich gibt es in den größeren Industriebereichen, wie Eisenbahn, Druckbereich und Bergbau, zuerst keine sozialen Absicherung. Die ersten Formen strukturierter sozialer Absicherung außerhalb der Familie, als dem traditionellen Hausssystem (ie-seido), waren die Genossenschaften zur gegenseitigen Unterstützung [(siehe 3.)].

1897 kam es dann zur Gründung der ersten Gewerkschaften im Eisenbahn- und Druckbereich, die aber auf Grund der zu hohen Kosten, hohen Mitgliederschwund, innerbetrieblicher Diskriminierung und der Einführung des Polizeigesetzes zur Aufrechterhaltung der öffentlichen Ordnung jeder Einflußmöglichkeit beraubt, 1900 schon wieder verschwunden waren. Erst nach dem ersten Weltkrieg, im Zuge der Reisunruhen und den Auswirkungen der russischen Revolution, kam es zum Wiederaufleben der Gewerkschaften.

---

[2]   Takafusa Nakamura 1985:1
[3]   Stephan Leibfried 1994: 392 (Sammelband) Hervorhebung wie im Original

Den größten Einfluß auf die frühen Sozialgesetze Japans hatte Gotô Shinpai. Dieser hatte 1892 in Deutschland studierte. Gotô Shinpai importierte die Bismarksche Sozialversicherung Modell nach Japan. Das erste war die Einführung einer betrieblichen Krankenkasse, angelehnt an die Betriebskrankenkasse bei Krupps, im Jahre 1907. Im Gegensatz zum Bismarckschen System, sind keine selbstverwalteten Formen von Krankenkassen in Japan vorgesehen, sondern nur von den Betrieben organisierte. Nur für Betriebe mit weniger als 300 Mitarbeitern gab es eine staatliche Regelung.

Auch das Armengesetz von 1916 ist auf Gotô Shinpai zurückzuführen , es lehnt sich stark an das ElberfelderSystem, der Armenpolitik des deutsche Reichs an. Zwar hatte Japan schon 1874 einen Armengesetz (*jikyu kisoku*)[4], aber erst mit der Einführung des Armengesetzes von 1916 ist ein wirklicher Schutz vor totaler Verarmung, in Form von Mindestversorgung, gewährleistet.

Im Jahre 1927 kam das, schon 1922 beschlossene, Gesundheitsförderungsgesetz zur Anwendung , das die Beiträge und die Modalitäten regelte (*Fee-for-service*). 1938 wurde dann die staatliche Krankenkasse (NHI) eingeführt, die insbesondere durch den zweiten Chinesisch -japanischen Krieg und den zweiten Weltkrieg und der damit einher gehenden medizinischen, Versorgung eine höheren Status bekam.

Die Strukturen der Wohlfahrt und des gesamten Staatsapparates in Japan erfuhren erst durch die Kapitulaton gegenüber der USA, ausgelöst durch die Atombomben über Hiroshima und Nagasaki, wieder Veränderungen. In den Kapitulationsverträgen ist unter anderem auch der Verzicht auf die göttliche Abstammung des Kaisers und der Grundstein demokratischer Verhältnisse in Japan verankert. Zudem wurde 1947 auf Druck der USA ein Antimonopolsierungsgesetz erlassen, um die Auflösung der *Zaibatsus* zu bewirken. Diese Verflechtung von Großfirmen, die meistens in Händen einiger weniger Familien waren, beherrschten fast die gesamte japanische Wirtschaft. Zur wirklichen Auflösung kam es allerdings nie, sondern zu einer tieferen Verflechtung der Bürokratie und der Wirtschaft, die kriminellen Organisation eine gute wirtschaftliche und vor allen Dingen strukturelle Basis boten, wie zum Beispiel der Yakuza, der Mafia Japans.

Nach Abschluß der Friedensverträge, im Jahr 1951, wurde die LDP 1952 alleinregierende Partei. Dieses "Einparteiensystem" wurde der LPD auch durch die antikommunistischen Propaganda der USA ermöglicht, die Japan als Bollwerk gegen den Kommunismus sahen. "Der red purge von 1950, bei dem über 10.000 kommunistische Gewerkschaftsführer zum Opfer fielen, bedeutete für die Gewerkschaftsbewegung (...) einen erzwungenen Neubeginn ohne die Kommunisten"[5] und auch die SDJ (Sozialdemokratische Partei) litt unter der antikommunistischen Stimmung. Zudem ist die LDP, in den Jahren der Auflösung der *Zaibatsus,* stark zwischen Wirtschaft und Bürokratie eingebunden und verfügt so über wesentlich höhere Geld- und strukturelle Machtmittel für den Wahlkampf.

1973 versuchte die LDP das Wohlfahrtssystem zu reformieren, scheiterte aber vorerst auf Grund der Ölkrise. Während Japan zwar noch ein Wachstum zwischen 3% und 4% verzeichnete, waren die Geldmittel, für eine umfangreiche Reform nicht vorhanden. Erst 1979 bringt die LDP diese Reform in Gang, die eine Abkehr von ausländischen Wohlfahrtsmodellen, hin zu einem japanischen Modell, sein soll und ruft den economic and social seven-years plan aus.

---

4   Stephan Leibfried 1994: 390 / "Dieses Gesetz wurde erst 1929 (kyugo ho) systematisch novelliert"
5   Sepp Linhart -1979:239

1985 wurde das Wohlfahrtssystem ein weiteres Mal reformiert, nach dem die angestrebten Ziele der ersten Reform zu kostenintensiv und deshalb teilweise nicht durchführbar erschienen ^(siehe unten).
1993 verlor die LDP zum ersten Mal seit 1952 die absolute Mehrheit. Hauptgrund für die politischen Veränderungen in Japans Politik ist die, seit Anfang der neunziger Jahre anhaltende Wirtschaftskrise und die Verschleppung von Reformen seitens der Regierung, wie zum Beispiel im Bereich des Wahlsystems, der Wahlkreiseinteilung, der Transparenz von Verwaltungshandlungen und dem Abbau von Verfilzung und Korruption, die der LDP über vierzig Jahre zum Vorteil gereicht hat. Zwar hätte der Stimmenverlust zu einem erstarken der SDJ und der Gewerkschaften führen müssen, aber aus der SDJ haben sich viele kleine Parteien abgesplittet und den Gewerkschaften fehlte immer noch ein einflußreicher Dachverband, wie es in Deutschland der DGB (Deutscher Gewerkschafts Bund) darstellt.[6]

Auch nach 1994 hat es die Regierung Japans unter Regierungschef Ryutaro Hashimoto nicht geschafft umfangreiche Reformen sowohl innerhalb der Wirtschaft, als auch der Steuern auf den Weg zu bringen. Am 12. Juli 1998 verlor die LDP abermals an Stimmen im Oberhaus. Hashimoto zog daraus die Konsequenzen und trat am 13. Juli 1998 von seinem Amt zurück.[7]

3. Genossenschaft zur gegenseitigen Unterstützung

Die Genossenschaft zur gegenseitigen Unterstützung sind in den verschieden Bereichen der Japanischen Industrie am Anfang des 20. Jahrhunderts gegründet worden. Je nach Betrieb finanzierte sich die Genossenschaft zur gegenseitigen Unterstützung aus Beiträgen von Arbeitern und Unternehmern .
Vorgänger der Genossenschaft zur gegenseitigen Unterstützung war ein auf den Zwischenmeister (ovakata), oder auch Vorarbeiter, gestütztes System. Sein Aufgabenbereich erstreckte sich über die Rekrutierung, Ausbildung, Einteilung bis hin zur Kontrolle und Bezahlung der Arbeiter. Er behielt selbst einen Großteil des Gehaltes der Arbeiter ein, um für Notfälle Rücklagen zu haben. Wie man sich vorstellen kann, überschritt er häufig seine Befugnisse, so das er mehr Geld einbehielt als notwendig und nur selten Hilfeleistungen gab.
Folge dieser innerbetrieblichen Ungerechtigkeiten und der damit einher gehenden Verarmung der Arbeiter war ein Streikwelle in den Jahren 1907/08. Erhöhte Unfallrate und Krankheitsrisiko in den Betrieben und die daraus resultierende Mehrbelastung des Familiensystems (ie-seido), 1898 Verankerung im Zivilgesetzbuch) und der zunehmenden Zerfall der traditionellen Nachbarschaftshilfe, all dies waren Gründe die zur Entstehung der Genossenschaften zur gegenseitigen Unterstützung beitrug. Sie dienten zum einen als Krankenversicherung, sowohl für den Angestellten, als auch für seine Familie, als auch der Altersvorsorge. Außerdem wurde dem Zwischenarbeiter die Verwaltungskompetenzen im Bereich der Fürsorge und Lohnauszahlung abgenommen.
So wurden durch die Genossenschaft zur gegenseitigen Unterstützung eine Bindung an die Betriebe geschaffen, um einer Fluktuation der Arbeitnehmer vorzubeugen.

Während und nach dem ersten Weltkrieges kam es zum Ausbau sowohl der durch den Betrieb gestützten als auch der durch die Arbeiter getragenen

---

[6]   Näheres zum Regierungswechsel von 1993/94 in Japan und die Gründe für eine über 40 Jahre andauernde
      Alleinregierung der LDP, die Japan den Ruf einer defizitären Demokratie eingebracht haben, ist im Beitrag
      von Gesine Foljanty-Jost in <u>Japan im Umbruch -auf dem Weg zum 'normalen Staat'</u> nachzulesen.

[7]   Hannoversche Allgemeine Zeitung vom 14. Juli 1998 / Seite1

Genossenschaften zur gegenseitigen Unterstützung, wobei der Unternehmereinfluß immer mehr zunahm. Auch durch die Regelung, das die Höhe der Unterstützung abhängig war, von der Betriebszugehörigkeitsdauer (Seniorität) erhöhte sich die Bindung der Arbeitnehmer an den Betrieb und verhinderte die Bildung und damit die Einflußnahme außerbetrieblicher Organisationen.

Durch die staatlichen Gesetzgebungen in Form der Fabrikgesetze 1916, des Sozialversicherungsgesetzes und des Gesundheitsförderungsgesetzes 1927 gingen die Genossenschaft zur gegenseitigen Unterstützung in den Betriebskrankenkassen und Sozialversicherungen auf und die rechtliche Regelungen übernahm dadurch der Staat.

Man könnte sagen das die historische Entwicklung der Genossenschaften zur gegenseitigen Unterstützung zu der starken Verquickung zwischen staatlicher und betrieblicher Sozialpolitik den Grundstein gelegt hat.[8]

4. Betriebliche und staatliche Krankenkassen in Japan nach 1945

Einhergehend mit der Umstrukturierung der japanischen Politik hin zu einer Demokratie [(siehe 2)] kam es auch im Gesundheitssektor zu Veränderungen. Während der Besatzungszeit durch die US-Amerikaner bis 1952, wurde im Medizinischen Bereich der präventive Sektoren gefördert, wie zum Beispiel Präfentionsmaßnahmen an Schulen (Milchversorgung der Schüler).

1957 begann die LDP, die Liberal Demokratische Partei, ein Programm mit der Absicht medizinische Versorgung für alle Japaner zu garantieren. 1961 war dieses Ziel erreicht.

Am Anfang siebziger Jahre begann die LDP eine weitreichende Reform des Krankenversicherungswesens. So stiegen die Leistungen für Familienangehörige von Angestellten von 50% auf 70% innerhalb der Angestelltenversicherungen. Trotz negativer Prognosen befürwortete die regierende LDP in 1973 ein Programm zur kostenlosen medizinischen Versorgung älterer Mensch, vor allem im Hinblick auf die Wählerstimmen dieses Bevölkerungsteils.Doch durch die zunehmende Überalterung und der daraus resultierenden Belastung des Gesundheitssystem in Japan, ist es zu einer Kostenverschiebung hin zu einer Mehrbelastung des einzelnen Bürgers gekommen. Allein die Ausgaben für die Staatliche Krankenkasse *National health insurance* (NHI) am Gesamthaushalt stiegen von 3,5% im Jahr 1970 auf 5,7% in den Jahren 1983 und 1986. Zwar liegt Japan damit im internationalen Mittelfeld, doch die demographischen Analysen über die Veralterung der japanischen Gesellschaft zeigen einen Anstieg der Kosten. Alte Menschen machten 1981 9,8% der Nutznießer der staatlichen Krankenkasse aus, dagegen verursachten sie 32% der Kosten. [9]
Zudem stiegen die Kosten für Medikamente. Der Ärzteverband in Japan hatte vorher schon moniert, das zu viele Medikament auf der Liste der Medikamente stand, die durch das NHI getragen werden.

[8]   Eine Umfangreiche Untersuchung über die Genossenschaft zur gegenseitigen Unterstützung bietet die Magisterarbeit von Georg Kintomo Löer (Siehe auch Literaturliste)

[9]   Andersen 1993:Kapitel 6

Auf Druck des Ärzteverbandes und des Drohenden Kollaps des NHI, kam es 1985 zu einer Novellierung :

"The compromise involved several points:
1. After April 1, 1985, employees pay 10% of costs for doctor visits.
2. A special exception is for retirees in moving between EHI and NHI programs to guarantee continuous insurance coverage.
3. Special provisions cover retirees within health insurance societies.
4. Contributions for individuals will increased.
5. For day laborers with government passbooks, guarantee exists for five years of insurance coverage and benefits based on the previous 2 or 6 months of wages, whichever is greater.
6. For the future, studies will be made about the need for employees to pay 20% of the costs for visits to doctors."[10]

Trotz der Reformierungen in den achtziger Jahren stieg der Anteil der Gesundheitsposten, die von privaten, also betrieblichen Krankenkassen aufgebracht wurde zwischen 1965 und 1988 kontinuierlich an. Andererseits fiel der Anteil der Staatsausgaben in diesem Bereich.
Japanische Krankenversicherer dürfen keinen Profit machen. Sie unterstehen der Aufsicht des Ministeriums für Gesundheit und Soziales (*Ministry for Health and Social)* . Die Beiträge werden von Arbeitnehmer und Arbeitgeber zu gleichen Teilen bezahlt, wobei der Arbeitgeber zu einem Anteil von 50% sogar gesetzlich verpflichtet ist. Oftmals bezahlt der Arbeitgeber sogar einen höheren Satz um eine gute Versorgung des Angestellten zu garantieren. Auch hier spiegelte sich die betriebsfamiläre Bindung zwischen Arbeitnehmer und Arbeitgeber wieder. Fast 93% der betrieblichen Kassen leisten zusätzliche Unterstützung, die von Rückerstattung des Patientanteils bis zu Beerdigungszuwendung für Angehörige geht.
1994 sind in Japan insgesamt 56,1% über betriebliche Krankenkassen versichert. Alle die nicht unter dieses betriebliche System fallen, sind in dem NHI versichert, allerdings zu wesentlich schlechteren Bedingungen.

---

[10]   Zitiert nach Anderson, Stephan J. 1983 (leider ohne Seitenangaben, da aus dem Internet)

5. Japans Sozialpolitik mit besonderen Blick auf die Familie

5.1 Historische Aspekte

Seit dem 5. Jahrhundert n.Chr. war die philosophische Einstellung in Japan vom konfuzianischen Kulturkreis geprägt. Es war üblich, daß der Lebensunterhalt bedürftiger Personen durch die nächsten Familienangehörigen gesichert wurde. Es gab ein stabiles System der Nachbarschaftshilfe; innerhalb der Familie und des Dorfes unterstützte man sich gegenseitig. Dies war auch wirtschaftlich von großer Bedeutung. Bei der oft bergigen und unfruchtbaren Landschaft in Japan war die Solidarität unter den Reisbauern überlebenswichtig, da die Bauern der unteren Stufe vom Wasserfluß der höheren Anbauebenen abhängig waren. Außenstehende wurden in die Hilfe nicht mit einbezogen. Die Gesellschaft war in sechs Teile gegliedert. Adel, Samurai, Priester, Bauern, Bewohner der Städte (das heißt Handwerker und Kaufleute) und "Paria": japanisch "hinin", also Nichtmenschen: Bettler und Arme. Innerhalb dieses Ständesystems gab es strenge Maßnahmen zur Ausgrenzung. Ausgestoßenen wurde lediglich von Seiten der buddhistischen Mönche Hilfe gewährt. Die Familien- und Nachbarschaftshilfe wurde nach der Meiji-Restauration als Sozialgesetz gesetzlich festgeschrieben war bis 1932 in Kraft.

5.2 Die alternde Gesellschaft

In den sechziger Jahren wurde den Politikern und Wissenschaftlern in Japan ein Problem gewahr, welches die japanische Sozialpolitik noch Jahrzehnte beschäftigen wird. Es wurde erkannt, daß sich die Gesellschaft in einem drastischen demographischen Wandel befindet, der seinen Höhepunkt erst im nächsten Jahrtausend haben wird.

Japan, einstmals eine der jüngsten Gesellschaften der industriell entwickelten Länder, wird sich, soweit die Vorhersagen der Forscher mit der Realität übereinstimmen, bis zum Jahr 2020 zur einer der ältesten Nationen entwickelt haben. Der Anteil der Über-65-Jährigen an der Gesamtbevölkerung lag 1970 noch bei 7,1%, stieg bis 1990 auf 12% und wird zwischen den Jahren 2005 und 2010 die 20% Marke überschritten haben.

Diese Entwicklung hat mehrere Ursachen. Japan hatte 1989 mit 81,8 Jahre für Frauen und 75,9 Jahre für Männer die höchste Lebenserwartung der Welt. Die Fertilitätsrate[11] sank von 4,5 im Jahr 1947 auf 2,1 in den sechziger Jahren. 1989 hatte sie schließlich einen Wert von 1,57 erreicht. Diese Entwicklung wird sich auch unweigerlich auf die wirtschaftliche Situation des Landes auswirken. Das Verhältnis zwischen der erwerbstätigen Bevölkerung und denjenigen Personen, die nicht mehr oder noch nicht für ihren Lebensunterhalt sorgen können[12] klafft immer weiter auseinander, was zur Folge hat, daß die Sozialausgaben des Staates (bei gleichen Leistungen) zwangsweise steigen müssen. (Grafik 2)

Ein weiteres Problem der älteren Bevölkerung liegt in dem vorherrschenden Beschäftigungsmuster, welches vorsieht, daß Angestellte traditionell im Alter zwischen 50 und 55 Jahren entlassen werden, da sie infolge des Prinzips des Senioritätslohns ein Verhältnismäßig hohes Gehalt erhalten.

---

[11] Die Fertilitätsrate gibt Auskunft über die durchschnittliche Zahl der Kinder, die eine Frau in Laufe ihres Lebens gebärt.

[12] Ausgedrückt in der Abhängigkeitsrate (vgl. Grafik 2)

Obwohl die Regierung versucht, die Firmen von einer anderen Beschäftigungspolitik zu überzeugen, wurden Ende der 80er Jahre immernoch nahezu die Hälfte aller Pensionäre vor dem sechzigsten Lebensjahr entlassen. Dies führt dazu, daß erstens viele ältere Menschen in schlecht abgesicherten Jobs arbeiten müssen, andererseits zu einer enormen Nachfrage nach privater Vorsorge.

Japan versuchte schon früh, Verständnis für diese sozio-ökonomische Problem des Staates in der Bevölkerung zu wecken. In dem eigens von der Regierung gegründeten "Institut für Bevölkerungsprobleme" wurden ständig neue Hochrechnungen veröffentlicht. Mit großem Aufwand wurde eine Medienkampagne betrieben, die den Japanern Zahlen und Fakten zum Thema "alternde Gesellschaft" nahebringen sollte. Das Thema kam sogar in den beliebten Mangas, den japanischen Comics, zur Sprache. Durch diesen langwierigen Prozeß der Aufklärung wurde es geschafft, daß das Problem der "alternden Gesellschaft" zu einem Problem der Gesamtbevölkerung wurde. Durch diese Politik wurde der Boden für die Sozialreformen anfang der Achtziger Jahre geebnet. Es wurden in einer großen Zahl von politischen Einzelmaßnahmen sogenannte "Altenclubs" gegründet in denen mehr als die Hälfte der über 65jährigen organisiert sind und ein System freiwilliger ambulanter Dienste entwickelt. Als wichstigste Maßnahme wurde die freie medizinische Versorgung für über 70jährige und Bettlägrige über 65 Jahren beschlossen.
Des weiteren wurden Altersheime gebaut, die ursprünglich für die Versorgung bettlägriger Personen gedacht waren. Im Oktober 1988 waren in den landesweit 141 Altenheimen 14428 Personen betreut.

5.3 Die Auflösung der Drei-Generationen-Familie

Wie schon oben erwähnt, war der Zusammenhalt in der Familie und die Solidarität unter der Dorfbevölkerung notwendig um das Überleben in der landwirtschaftlich geprägten Gesellschaft zu sichern. Nach dem Wandel zur Industriegesellschaft, der in Japan erst spät vollzogen wurde, wandelten sich zwar die wirtschaftlichen Strukturen des Landes, die familiäre Ordnung jedoch wurde, zum Teil auch künstlich, beibehalten.

Dieses Entwicklung zeigt auch eine Reihe von Arbeiten die von damaligen Regierungspartei LPD 1979 herausgegeben wurde und von Prof. Ichibangase in drei Punkten zusammengefaßt wurden:
1. Der Diskurs enthält eine feste Vorstellung vom Mißbrauch des Rechts auf Wohlfahrt : Es grenze an Bettelei, wenn man nicht arbeite, nur müßiggehe und trotzdem auf ein Recht auf Fürsorge beharre.
2. Da die Japaner ein Volk seien, das die Familienbande pflegt, seien zunächst die Familien für die Wohlfahrt zuständig, dann erst die Unternehmen und Selbstverwaltungsorgane, und zuletzt der Staat, der dann ergänzend tätig werden könne.
3. Es wird erwartet, daß die Frauen in den Familien die Wohlfahrtstätigkeit übernehmen. Idealerweise habe sich die Frau zuerst dem Aufziehen der Kinder zu widmen und später die Pflege der altgewordenen Eltern zu übernehmen.

Diese Vorstellung der Politiker steht allerdings in klarem Widerspruch zu japanischen Realität.

9

Neben den auch in Japan stetigen Trend zur Individualisierung und Pluralisierung gibt es weitere Schwierigkeiten. Durch den hohen industriellen Entwicklungsgrad werden erwerbstätigen Generationen zum Teil gezwungen, einen Ortswechsel zu vollziehen, um bessere Chancen auf dem Arbeitsmarkt zu haben. Außerdem wird die Tatsache, daß auch immer mehr japanische Frauen Arbeit aufnehmen und sich gesellschaftlich engagieren anstatt ausschließlich den Haushalt zu führen hier vollkommen ignoriert. Um dieser Tatsache entgegenzuwirken, hat die japanische Regierung einen eigenen Rentenanspruch für die nicht beschäftigte Ehefrau im Rahmen der nationalen Altersversicherung, der durch öffentliche Mittel und Transferzahlungen aus der Beschäftigtenversicherung finanziert wird, eingeführt. Des weiteren ist noch anzumerken, daß die Drei-Generationen-Familie aus einem direkt aus der Überalterung der japanischen Gesellschaft resultierenden Grund kaum noch funktionieren kann: Die Generation, die eigentlich für die Pflege der Senioren aufkommen soll, ist selbst schon in einem Alter in dem sie die Unterstützung anderer bräuchte und kann deshalb nicht für die Pflege ihrer Eltern sorgen.

6. Die betriebliche Organisation

Die betriebliche Arbeitsorganisation in Japan weist bestimmte Eigentümlichkeiten gegenüber der Strukturierung von Arbeitsprozessen in den westlichen Industrieländern nach bürokratischem und streng hierarchischem Muster auf. Ein besonderer Zusammenhang ergibt sich hier gerade vor dem Hintergrund des wirtschaftlichen Strukturwandels und den daraus resultierenden neuen Produkten und Produktionsprozessen. Neben der zweifellos immer noch verbreiteten Massenproduktion einfacher Güter und Dienstleistungen in tayloristischer bzw. fordistischer Produktionsweise führt die fortschreitende wirtschaftliche Entwicklung zu immer höheren Anforderungen an die Firmen aufgrund stärker ausdifferenzierter Kundenwünsche. Damit geht eine Spezialisierung der Märkte einher und es wird eine zunehmende Komplexität der Produktionstechniken erforderlich. Neuartige Produktionsabläufe machen eine starre Schematisierung der Arbeitsprozesse häufig unmöglich. Die Bezeichnung "flexible Spezialisierung" umschreibt eine adäquate Unternehmensorganisation.

Die höhere Flexibilität und Innovationskraft des japanischen Organisationstypus gegenüber den rationalen westlichen Bürokratien wird u.a. verantwortlich gemacht für die japanische Überlegenheit auf dem Weltmarkt. Seit den 80er Jahren wurde die Lehre der japanischen Produktionsorganisation (z.B. totale Qualitätskontrolle, Qualitätszirkel, betriebliches Vorschlagswesen) im Westen zunehmend populär und Teile ihrer Prinzipien fanden Eingang in hiesige Unternehmen.

Für die Charakterisierung der japanischen Betriebsgemeinschaft sind die Begriffe "Familie" und "Clan" verbreitet. Diese Bezeichnungen verweisen auf die konfuzianistisch geprägten paternalistischen Beziehungen zwischen den Hierarchieebenen der Mitarbeiter in den Unternehmen.Tatsächlich wird der Inhalt der Arbeitsbeziehungen kaum durch den Abschluß eines formalen Arbeitskontraktes erfaßt, sondern durch die Aufnahme des neuen Mitarbeiters durch den Chef bzw. Vorgesetzten in die Betriebsgemeinschaft, Abteilung oder Arbeitsgruppe.

In der Phase des Arbeitslebens eines Japaners nimmt der Arbeitgeber einen ganzheitlichen Zugriff auf den Beschäftigten vor. Diese totale Inanspruchnahme wird vor allem durch folgende drei Punkte deutlich:

1. Die Aufnahme in das Arbeitsverhältnis

Bei der Einstellung neuer Mitarbeiter wird weniger Wert auf die bereits erworbene Fachqualifikation des Bewerbers gelegt. Diese soll er ohnehin während der umfassenden Ausbildung im Betrieb erlangen. Vielmehr wird Wert auf den soziokulturellen Hintergrund des Aspiranten gelegt, sprich den familiären Hintergrund und vor allem die Reputation der durchlaufenen Schulen und Universitäten.
Die Aufnahmezeremonie in den Betrieb mit hohem rituellen Gehalt impliziert das Gelöbnis des Firmenleiters, die moralische Verantwortung für die Erziehung des Neulings zu übernehmen und damit das Werk der Eltern fortzusetzen.

2. Der Ausbildungsprozeß und die betriebliche Arbeitsteilung

Die japanischen Schulen und Universitäten legen im Vergleich zu westlichen Bildungsinstitutionen Wert auf eine sehr allgemeine und breitgefächerte Ausbildung ihrer Schüler. Die Spezialkenntnisse werden dann in der betrieblichen Ausbildung vermittelt, und auch noch danach wird das ganze Arbeitsleben bestimmt durch die Anpassung an neue Anforderungen und damit den Erwerb neuer Fähigkeiten, die zur Bewältigung innovativer Arbeitsschritte qualifizieren.
Die Ausbildung weist zunächst eine hohe inhaltliche Breite auf, und im Idealfall durchlaufen die Berufsanfänger den ganzen Betrieb, um die Gesamtzusammenhänge der Produktionsabläufe zwischen den einzelnen Abteilungen zu begreifen. Die Ausbildung ist allerdings kein reiner Qualifizierungsprozeß zu fest definierten Aufgaben, sondern ein Vorgang, der die moralische Integration in die Betriebsgemeinschaft und vor allem in die Arbeitsgruppe bewirken soll und damit letztlich die vormals in der Familie stattgefundene Sozialisation fortsetzt.
Während die Arbeitsorganisation in den westlichen Betrieben die Arbeitsstellen exakt beschreibt und mit fest definierten Aufgaben ausstattet, um sie so weniger abhängig von den sie besetzenden Personen zu machen, fehlt in den meisten japanischen Betrieben ein detaillierter Organisationsplan. Stattdessen werden die Funktionen von selbstregulierenden Kleingruppen mit zwischen den Mitgliedern nicht festgefügter Arbeitsverteilung erfüllt.
Dieses System, daß kaum durch formale Kompetenzstrukturen, sondern durch gemeinsam akzeptierte Werte geprägt ist, trägt zum einen zur Flexibilisierung des Produktionsablaufs bei. Zweitens erübrigt diese flexible Arbeitsteilung eine enge Kontrolle und die ständige Evaluation der Prozesse durch die Vorgesetzten. Drittens erhöht die Einbindung der Mitarbeiter in die kooperativ strukturierten Arbeitsabläufe ihre Arbeitsmotivation. Und schließlich erfordert die Organisation als selbstgesteuerter Prozeß aufgrund der flexiblen Aufgabenzuteilung weniger Anweisungen und Interventionen von oben. Der japanische Organisationsmodus fixiert die Kompetenzen nicht einseitig bei der Organisationsspitze, sondern in den

Betrieben sind alle Ebenen Entscheidungsebenen. Dies steht im Gegensatz zur zumeist kopflastigen Struktur westlicher Betriebe. Denn hier gehen zu viele Entscheidungen durch das Nadelöhr der Führung, häufig mit der Folge, das mittlere und untere Instanzen z.T. wider besseres Wissen an die von oben kommenden Weisungen gebunden sind. In Japan hingegen ist die Delegation von Aufgaben gängig und befreit die leitenden Manager somit für die wichtigen strategischen Entscheidungen.

3. Die totale Inanspruchnahme der Arbeitskraft

Im japanischen Organisationsmodell beruft sich der Arbeitgeber auf die Aneignung des gesamten Individuums in die firmeneigene Kultur. Die interne Kooperation beruht auf ein hohes Maß gemeinsamer Sozialisation der Beschäftigten. Für japanische Arbeiter und Angestellte ist ihre Arbeitszeit nur schwer berechenbar. Auch gibt es keine Trennung von Arbeits- und privater Zeit. Regelmäßig finden nach Dienstschluß umfangreiche gesellige Aktivitäten im Kollegenkreis statt, derer Teilnahme sich ein Mitarbeiter kaum entziehen kann. Diese Freizeitprogramme sollen die Identifikation und Loyalität zur Firma stärken.

Die Erhöhung der Kongruenz von Interessen und Einstellungen der Mitarbeiter bedeutet allerdings, daß größere Investitionen in die betriebsinterne Sozialisation erforderlich werden und die Abschirmung der Individuen nach außen notwendig wird. Alle Mitarbeiter vom einfachen Handlanger bis zum Top-Manager sollen das Unternehmen als Schicksalsgemeinschaft begreifen, innerhalb derer jeder von der Leistung eines jeden abhängt. Die übliche lebenslange Beschäftigung - die in Krisen oder im Falle von Firmenpleiten ohnehin nicht absolut garantiert werden kann - dient weniger der Sicherheit für die Beschäftigten. Vielmehr geht es darum, für die Mitarbeiter andere arbeitsmarktvermittelte Optionen auszuschließen und so den alleinigen Zugriff des Unternehmens auf Formung und Einbindung der Arbeitskraft sicherzustellen.

Die starke Homogenisierung innerhalb der japanischen Betriebe setzt aber auch eine starke Einheitlichkeit der Beschäftigten voraus. Außenseiter und Abweichler, wie z.B. ethnische Minderheiten, bekennende politische Dissidenten, in einigen Fällen auch Frauen usw. werden durch eine diskriminierende Einstellungspolitik benachteiligt.

Die Vorgesetzten müssen mit väterlicher Verantwortung für ihre Mitarbeiter die betrieblichen Prozesse organisieren, die den Beschäftigten genügend Freiräume für eigene Entscheidungen überläßt. Die leitenden Mitarbeiter benötigen eine integrierende Persönlichkeit, die zudem noch imstande ist, den Teamgeist in den Arbeitsgruppen zu fördern.

In den bürokratisch organisierten kapitalistischen Unternehmen des Westens treten häufig Schwierigkeiten bei der Verleihung von Autorität auf: Aufgrund einer gegenüber Japan vollkommen unterschiedlichen Sozialisation weisen die Betriebsangehörigen eine viel geringere Interessenkongruenz auf. Dazu kommen stark formalisierte und ausgegliederte Kompetenzen definiert in den Stellenbeschreibungen bei stark divergierenden Gratifikationen. Es werden also implizit Ungleichheiten und damit zwangsläufig das Aufkommen von Neid in Kauf genommen. Deshalb brauchen westliche Firmen auch zusätzliche Mechanismen, die Gehorsam und Disziplin innerhalb des Unternehmens herstellen können. In japanischen Firmen wird die Autorität durch ein relativ eindeutiges Senioritätsprinzip verliehen, wobei Mitarbeiter höheren Alters und mit der größten Erfahrung, also i.d.R. mit der längsten Betriebszugehörigkeit, die höheren Positionen mit der besseren Entlohnung einnehmen, und nicht zwangsläufig die Personen, die die beste funktionale Qualifikation mitbringen, so wie im Westen üblich. Das Senioritätsprinzip löst auch das in unseren Betrieben weit verbreitete Problem der Kompetenzneurosen bei Führungspersonen.

Die innere Organisation der japanischen Firmen spiegelt sich in ihren Außenbeziehungen wider: Während sie sich zu Konkurrenten klar abgrenzen, stehen sie in kooperativ strukturierter Zusammenarbeit zu Kunden, Partnern sowie Zulieferern innerhalb des eigenen Unternehmenskonglomerats, wobei die Bindungen auf langfristige Stabilität angelegt sind und weniger durch Profit reguliert werden als durch paternalistische Treuebeziehungen gemäß der Position im Konzerngeflecht.

Ein weiterer Unterschied zumindest zu Deutschland betrifft die gewerkschaftliche Organisation der abhängig Beschäftigten in Japan. Gegenüber unseren nach Branchen strukturierten Gewerkschaften und einer zentral übergeordneten Gewerkschaftsvereinigung gibt es in Japan lediglich Betriebsgewerkschaften, in denen in kooperativem Stil versucht wird, gemeinsam mit der Geschäftsführung partnerschaftlich zu Lösungen zu finden, die langfristig für das gesamte Unternehmen am aussichtsreichsten erscheinen, auch wenn sie zeitweise zu Lasten der Beschäftigten oder wenigstens einiger Abteilungen des Betriebes gehen sollten. Die Gewerkschaften haben das Prinzip der Schicksalsgemeinschaft also bereits verinnerlicht. Darüberhinaus gibt es in Japan mehrere Gewerkschaftsbündnisse mit konkurrierenden Ansprüchen auf die Vertretung der Arbeitnehmerinteressen.

Als Fazit ist festzuhalten, daß die Prinzipien der betrieblichen Organisation ihren Ausdruck in anderem Maßstab in der japanischen Gesellschaft wiederfinden. In Japan ist ein wesentlich geringeres Maß an externer Regulation von Konflikten nötig als das bei uns der Fall ist. Statt dessen wird auf intakte zwischenmenschliche und zwischengesellschaftliche Beziehungen gebaut. Eine Folge der engen Einbindung in familien- bzw. clanähnlichen Gemeinschaften ist allerdings eine relativ geringe Kenntnis der Situation außerhalb der eigenen Wir-Gruppe und eine schwach ausgeprägte Solidarität mit der Außenwelt.

7. Die Krise der japanischen Wirtschaft und ihre Folgen für die Wohlfahrtsgesellschaft

In den 1980er Jahren wies die japanische Wirtschaft hohe Wachstumsraten auf. Vor allem der Immobiliensektor und die Börse erlebten einen bis dahin beispiellosen Boom. Naturgemäß mußte sich irgendwann der Zyklus in die entgegengesetzte Richtung bewegen und eine Abschwungphase einleiten. Diese Rezession hält nun bereits seit 1990/1991 ungewöhnlich lange an. Auslöser der zur Wirtschaftskrise ausgeuferten Schwäche der japanischen Ökonomie war das Zerplatzen der Spekulationsblase im Immobilienbereich und die darauffolgende Krise des gesamten Finanzsektors. Aufschlußreich ist der den Spekulationsaktivitäten der Finanzinstitute zugrundeliegende Mechanismus: Querverbindungen und gegenseitige Kapitalverflechtungen zwischen den Banken und Anlagefirmen innerhalb der großen japanischen Unternehmenssverbände (Keiretsu) ließen aufgrund des Runs auf Grundstücke und Immobilien deren nominelle Werte immer weiter in die Höhe schrauben. Nach Zusammenbruch der spekulativen Werteexpansion führte diese Form der wechselseitigen Refinanzierung zu einer Kettenreaktion in Gestalt von sich auftürmenden Rückzahlungsproblemen der aufgenommenen Kredite und infolgedessen zu Kapitalmangel bei den Banken und institutionellen Anlegern. Parallel dazu fielen die Grundstückspreise (vom Höchstwert 1991 verlor der Index bis 1998 ein Viertel; der Durchschnittswert verdeckt natürlich, das einzelne Objekte mehr als die Hälfte verloren) und die Börsenwerte der Aktien (der NIKKEI-Index sank bis Ende 1998 auf ein Drittel des Rekordstandes von 1990). Parallel dazu verringerten sich die volkswirtschaftlichen Wachstumsraten, so daß im Jahr 1998 die Wirtschaft erstmalig nach 23 Jahren (1975: Effekt der globalen Durststrecke aufgrund des Ölschocks) ein Negativwachstum verzeichnete. Die negativste Entwicklung fand zu Beginn der 90er Jahre und in den Jahren 1997 und 1998 statt. In letzterer Phase verstärkte sich der Abschwung Japans wechselseitig mit der Währungskrise in den ost- und südostasiatischen Ländern. Allein in diesen beiden Jahren verlor die Börse ein Drittel ihres Wertes. Im Zuge der Abwärtsspirale hat diese Kapitalvernichtungsmaschinerie zur Anhäufung von unbedienten und wohl zum größeren Teil nicht wiedereinbringbaren Krediten in Höhe von über einer Billion DM geführt. Die exakte Summe ist nicht einmal bekannt, da nach herkömmlichen japanischen Bilanzrecht die Banken nicht zur detaillierten und vollständigen Offenlegung ihrer Bücher verpflichtet waren.

Eine der Ursachen für die Krise neben den hohen wechselseitigen Verstrickungen der Unternehmen untereinander, die zwangsläufig zu fortgesetzten Kreditvergaben der Banken an nicht mehr lebensfähige Unternehmen führte, war eben auch das Bilanzrecht, welches Unternehmen erlaubte, ihre Bestände an Grund und Boden zum Kaufpreis zu verbuchen und nicht zum realen Wert. Damit konnte die Außenwelt eine gewisse Zeit über den Werteverfall hinweggetäuscht werden. Weitere Faktoren für den Vertrauensverlust in die japanische Wirtschaft können in dem dichten Filz zwischen Politik und Wirtschaft als strukturelles Element japanischer Politik gesucht werden als auch in der geringen Öffnung Japans - insbesondere im Finanzsektor - gegenüber dem Ausland, welche das Land krisenanfälliger macht und es daneben erlaubte, durch Abschottung eigene antiquierte Regeln in der Wirtschaft beizubehalten.

Zu den wichtigsten Reformmaßnahmen zur Wiederbelebung der Wirtschaftsdynamik, die sowohl im Inland wie auch vom Ausland gefordert werden, gehören:
- das Bankensystem muß saniert werden; nur so kann das Vertrauen in das Finanzsystem wiedergewonnen werden. Auch ist es für einen neuen Wirtschaftsaufschwung nötig, die Banken wieder in die Lage zu versetzen, die Industrie in ausreichendem Maße mit Kapital für Investitionen zu versorgen.
- die Gewährleistung einer unabhängigen Kontrolle des Banken- und Finanzwesens
- die Stärkung der inländischen Nachfrage
- die Liberalisierung der Märkte

Im wesentlichen hat die Regierung die unten aufgeführten Schritte unternommen, um die Folgen der Krise abzuwenden und die Wirtschaft wiederanzukurbeln:
- Dem maroden Bankensystem wurde mehrfach Kapital in Höhe von einigen Hundert Millionen Dollar zugeführt, um ihre Last nicht wiedereinbringbarer Kredite zu sanieren. Bankrotte Banken wurden unter staatlicher Verwaltung gestellt und ihre Außenstände von der Regierung garantiert. Daneben wurde ihnen Sonderkredite gewährt. Diese Maßnahmen waren erforderlich, um Panikreaktionen auf den Finanzmärkten und damit Ausschläge auf die Gesamtwirtschaft zu vermeiden. Außerdem mußten die Negativbilanzen der Banken unbedingt gemildert werden, denn die Industrien sind dringend auf frische Bankkredite angewiesen.

- Die Regierung gewährte angeschlagenen mittelständischen Firmen Überbrückungskredite und übernahm für sie z.T. Kreditbürgschaften in Höhe von insgesamt 500 Mrd. DM (HAZ 29.08.1998)

- Die Einkommenssteuern wurden um rund 20% gesenkt, und auch die Unternehmenssteuern wurden reduziert. Diese Schritte führten aber ebenso wenig zu einer nachhaltigen Belebung der Konjunktur wie die verschiedenen Nachtragshaushalte der Regierung, deren Mittel für die staatliche Nachfrage nach immer neuen Infrastrukturprojekten verwandt wurden.

- Die japanishe Zentralbank hat schrittweise die Leitzinsen gesenkt. Seit Februar 1999 liegt der Satz bei fast 0%. Trotz fehlender Zinsrendite halten die Konsumenten ihr Geld dennoch lieber beisammen. Gerade Rentner geraten in Bedrängnis, denn bei schwach entwickeltem Sozialsystem sind sie es, die von Erspartem leben müssen.
Auch im Banken- und Unternehmensbereich sind die Wirkungen eher ambivalent. Während die Finanzinstitutionen billiges Geld gegen höhere Verzinsung im Ausland anlegen können und mit Hilfe dieser Sondergewinne ihre heimischen faulen Kredite wertberichtigen können, so hegt sich der Verdacht, daß das billige Geld letztlich die Reformbereitschaft der Wirtschaft und damit die langfristige Wettbewerbsfähigkeit mindert (HAZ, 17.07.2000).

- Das Unternehmenssteuersystem soll binnen dreier Jahre an international übliche Standards angeglichen werden (DER SPIEGEL, NR. 26/1998, S. 118).

- Das japanische Finanzsystem soll gleichfalls Anfang 2001 für das Ausland umfassend geöffnet werden (ebd.).

Allein zwischen April bis September 1998 sind rund 10.000 vorwiegend kleinere Firmen pleite gegangen. Die unsichere Lage der Arbeitsmarktes und die negativen Prognosen drücken die Konsumstimmung der Bevölkerung weiter. Die Banken, denen innerhalb der Keiretsu stets die Aufgabe zukam, günstige Kredite für die Industrien bereitzustellen, haben nicht einmal mehr genügend Reserven, um Geld an gesunde Firmen zu verleihen. Mittlerweile ist Japan das im Binnenverhältnis am höchsten verschuldete Industrieland. Im Jahre 1999 nahm die öffentliche Neuverschuldng 10% des BIP ein. Insgesamt lag die Staatsverschuldung bei 160% des BIP. Bereits zwei Drittel der Staatseinnahmen mußten für die Zinsbedienung verwandt werden (HAZ 10.06.2000).

Im folgenden werden die vielfältigen sozialen Auswirkungen der japanischen Wirtschaftskrise angerissen, ohne jedoch auf Details einzugehen, oder zu untersuchen, ob während ihres Verlaufs tiefgreifende langfristige gesellschaftliche Veränderungen erkennbar werden. Noch scheinen die Japaner die Misere geduldig und schicksalsergeben zu ertragen:

- Der Rückgang der Wirtschaftsleistung im Jahre 1998 ließ die Arbeitslosenrate auf über 4% ansteigen. Das trifft das Land, das jahrzehntelang an Vollbeschäftigung gewöhnt war und eine institutionelle soziale Absicherung nicht kennt, völlig unvorherbereitet. Da die Unternehmen ihre Kosten senken müssen, ist mit weiter steigenden Arbeitslosenzahlen zu rechnen.

- Die Unternehmen entfernen sich zunehmend vom Prinzip der lebenslangen Beschäftigung. Es wird verstärkt leistungsorientiert entlohnt oder nach Unternehmenserfolg vergütet, als nach den bislang gültigen Kriterien Alter und Dauer der Betriebsangehörigkeit (DER SPIEGEL, NR. 26/1998, S. 120).

- Vor allem junge Berufseinsteiger stehen vermehrt vor dem Problem, eine passende und akzeptable Beschäftigung zu finden. Bei Aufnahme einer Arbeit müssen sich Anfänger häufig mit einer im Vergleich zu ihrer Ausbildung geringwertigeren Tätigkeit begnügen. Der ohnehin gewaltige Leistungsdruck junger Japaner wird durch die Situation weiter erhöht.

- Immer mehr Menschen sind von Verarmung betroffen. Vor allem die Ersparnisse alter Menschen, die mangels gesetzlicher Rentenzahlungen für viele Ruheständler so wichtig sind, sind durch die Liquiditätsprobleme der Banken und die Niedrigzinspolitik bedroht.

- Die Obdachlosigkeit in den ohnehin mangelhaft mit Wohnraum ausgestatteten Großstädten nimmt rapide zu. Siedlungen einfacher Baracken aus Wellpappe oder Planen entstanden in den letzten Jahren an vielen Stellen in den Zentren großer Städte. Die Polizei reagiert auf diese Schandflecken japanischen Selbstbewußtseins entweder mit hermetischer Abzäunung oder mit Räumung.

- Es wird eine erhöhte Selbstmordrate verzeichnet: Alle Gesellschaftsschichten sind betroffen, aber vor allem Manager, leitende Angestellte und (korrupte) Politiker scheinen ihrem vermeintlichen Versagen und den damit verbundenen Gesichtsverlust nicht ertragen zu können und sehen im Suizid den einzig verbleibenden Ausweg.

- Allgemein nimmt die gesellschaftliche Polarisierung ebenso zu wie die erhöhte Spannweite zwischen geschickt geführten, evtl. auch durch die Politik protegierten, wettbewerbsfähigen Unternehmen und veralteten dem Konkurrenzkampf nicht gewachsenen Verlierern.

- Weite Teile der Bevölkerung scheint ihren Zukunftsoptimismus zu verlieren. Vor allem die Jugend scheint betroffen zu sein. Denn vor allem ist sie es, die in Kunst- und Scheinwelten von Comics, Video- und Computerspielen ihr Heil sucht oder sich vermehrt Sekten zuwendet, die Hilfe bei der Suche nach gültigen Wahrheiten versprechen und deshalb wachsende Mitgliederzahlen aufweisen (DER SPIEGEL, Nr. 26/1998, S. 121).

Noch kann nicht gesagt werden, welchen Ausgang die Talfahrt der japanischen Wirtschaft nimmt. Es sollte allerdings nicht vergessen werden, daß Japan eng mit den Ökonomien in ganz Ost- und Südostasien verflochten ist und vor allem als international größtes Gläubigerland starken Einfluß auf die Weltwirtschaft nehmen kann. Somit sind die Volkswirtschaften der Industrieländer nicht von der Bedrohung durch Japans Krise ausgenommen, und auch der erfolgreiche Fortgang der Weltwirtschaft kann von der Überwindung der Schwäche positiv beeinflußt werden. Die jetzt vorbereitete Öffnung der japanischen Volkswirtschaft wird ihr durch die neuen außeninduzierten Impulse und durch die verminderte Abhängigkeit von der stark isolierten Binnenökonomie nutzen. Bereits jetzt kaufen ausländische Konzerne nach dem Wertverfall des Yen und der Börsenkurse zu günstigen Konditionen in die japanische Volkswirtschaft ein und legen damit vermutlich einen wichtigen Grundstein zu ihrer Genesung.

8. Literaturliste

Andersonen, Stephan J.
Welfare Policy and Politics in Japan - Beyond the Developmental State, New York
1993, Pragon House

Foljanty-Jost, Gesine (Hrg.)
Japan im Umbruch -auf dem Weg zum 'normalen Staat', iudicum verlag GmbH
München 1996, nachzulesen.

Leibfried, Stephan
" 'Sozialstaat' oder 'Wohlfahrtsgesellschaft' ? Thesen zu einem japanisch-deutschen
Sozialpoltikvergleich" in Soziale Welt, Jg.45 Heft4 S.389-410

Linhart, Sepp
"Shuntô: ein historischer Überblick über die Entwicklung der Frühjahrslohnoffensive
1955-1978" in Sozioökonomische Entwicklung und industrielle Organisation Japans
Herg.: Sepp Linhart / Erich Pauer, Institut für Japanologie, Universität Wien 1979

Löer, Georg Kintomo
Entstehung und Entwicklung der betrieblichen Sozialpolitik im frühindustriellen Japan,
Wissenschaftliche Arbeit zur Erlangung des Grades Magister Artium, Fachbereich
Geschichtswissenschaften an der FU Berlin, SS 1996

Takafusa Nakamura
Wirtschaftliche Entwicklung des modernen Japan, in Zusammenarbeit mit Bernhard
R.G. Grace, Ministerium für Auswärtige Angelegenheiten, Japan 1985

Tränhardt,
"Kreativer Konservatismus im japanischen 'Modell der Wohlfahrtsgesllschaft' " in Paul
Kevenhörster, Dietrich Tränhardt, Herausforderungen an den Wohlfahrtsstaat,
(Hrsg.), Lit Verlag 1992 Münster/Hamburg